Réunion Fraternelle de Francs-Maçons

à

Bâle

le 5 Juillet 1908.

Internationale Maurervereinigung

in

Basel

5. Juli 1908.

Basel
Buchdruckerei von Franz Wittmer
1908.

Réunion Fraternelle de Francs-Maçons

à

Bâle

le 5 Juillet 1908.

—••—

Internationale Maurervereinigung

in

Basel

5. Juli 1908.

Basel
Buchdruckerei von Franz Wittmer
1908.

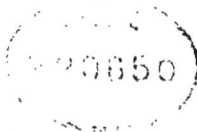

Vorwort.

Bei der am 7. Juli 1907 auf der Schlucht in den Vogesen stattgehabten Vereinigung von deutschen, französischen und schweizerischen Brüdern fand der Vorschlag des
Br. Bernardin, Mstr. v. St. der Loge St-Jean de Jérusalem
in Nancy, das Fest alljährlich in ähnlicher Weise zu wie-
derholen, allseitige und freudige Zustimmung.

Als darum die Loge zur Treue in Colmar sich anfangs
dieses Jahres mit dem Ersuchen an uns wandte, wir möch-
ten eine ähnliche Vereinigung im Juli 1908 in Basel ver-
anstalten, waren wir gerne dazu bereit. Nicht nur ge-
reichte es uns zur grossen Freude, so viele besuchende
Brüder bei uns begrüssen zu dürfen, sondern wir hofften
dadurch, wenn auch in bescheidener Weise, die Bestrebungen zu unterstützen, welche darauf hinausgehen, die deutschen und französischen Maurer zu beiden Seiten der Vogesen brüderlich zu vereinigen.

Wir glauben, die auf den 5. Juli d. J. nach Basel ein-
berufene internationale Maurervereinigung habe uns diesem Ziele um einen Schritt näher gebracht. Schon am Vor-
abend waren zahlreiche Brüder in Basel eingetroffen,
welche die Gelegenheit benützten, um dem auf den Sams-
tag abend anberaumten Johannisfeste der Basler Loge bei-
zuwohnen. Am Sonntag vormittag fand im Logengebäude
ein zwangloser Empfang der besuchenden Brüder und nach-
mittags 1 Uhr im Musiksaale das gemeinschaftliche Mittag-
essen statt, zu dem sich gegen 300 Brüder und Schwestern
aus Deutschland, Frankreich und der Schweiz eingefunden
hatten.

Nach einer Begrüssung der Teilnehmer durch den
Mstr. v. St. der Loge zur Freundschaft und Beständigkeit,
Br. Chr. Buchmann, erfolgten Ansprachen der Brüder
Bernardin, Cahn, van Raalte, Friedemann, Durand, Köhler,

Quartier-la-Tente und Hollstein, deren Wortlaut wir, soweit wir sie erhalten konnten, auf den nachfolgenden Seiten wiedergeben.

In den gehaltenen Reden und in der begeisterten Zustimmung, die sie ausnahmslos fanden, kam deutlich die Freude und die Genugtuung der französischen und der deutschen Brüder zum Ausdruck, dass sie in brüderlicher Weise wieder mit einander verkehren konnten, aber auch der feste Wille, nicht zu ruhen, als bis die freundschaftlichen Beziehungen der deutschen und der französischen Logen und Grosslogen auch offiziell wieder aufgenommen werden.

Eine in später Stunde auf Anregung von Br. Riess vorgenommene Sammlung zu Gunsten des internationalen Bureaus für maurerische Beziehungen ergab den Betrag von Fr. 218. —.

Noch sprach der Mstr. v. St. der Loge Badenia zum Fortschritt in Baden-Baden, Hofrat Dr. med. Friedr. Schwarz, um namens seiner Loge die nächstjährige internationale Vereinigung nach Baden-Baden einzuladen. Ein Beschluss wurde nicht gefasst, vielmehr soll es der Loge zur Treue in Colmar überlassen werden, das Nötige für die nächste Zusammenkunft anzuordnen.

Von nah und fern waren Telegramme eingelaufen, von welchen namentlich ein Gruss von Prof. Dr. F. Kraft aus Görbersdorf in Schlesien, dem früheren Mstr. v. St. der Loge An Erwins Dom in Strassburg i./E. mit Freude und Begeisterung aufgenommen und erwiedert wurde.

Die Vereinigung nahm in jeder Hinsicht einen schönen und befriedigenden Verlauf, und wir hoffen, dass sie allen Teilnehmern noch lange Zeit in guter Erinnerung bleiben möge.

B a s e l , im September 1908.

Die Johannisloge
zur Freundschaft und Beständigkeit in Basel.

Avant-Propos.

Lors de la réunion des FF. allemands, français et suisses, qui eut lieu le 7 juillet 1907 à la Schlucht dans les Vosges, le F. Bernardin, Vén. de la Loge »St-Jean de Jérusalem« à Nancy, proposa de renouveler annuellement ces réunions maç. dans les mêmes conditions. Cette proposition trouva un accueil favorable auprès des participants.

Aussi, lorsque la Loge »à la Fidélité« à l'Or. de Colmar nous pria, au commencement de cette année, de bien vouloir avoir cette réunion ici à Bâle en juillet 1908, nous acceptâmes volontiers de nous charger des arrangements de cette fête maç., non seulement pour avoir le plaisir de serrer la main à de si nombreux FF. visiteurs, mais nous avions l'espoir, si faible soit-il, de pouvoir soutenir les efforts faits de différents côtés pour réunir fraternellement les frères allemands et français séparés par les Vosges.

Nous sommes persuadés que la réunion maç. qui eut lieu à Bâle le 5 juillet de cette année, a fait faire un bon pas en avant à cette question.

Le soir avant cette date, de nombreux frères étaient arrivés dans notre ville pour assister à notre fête de la St-Jéan d'Été. Le dimanche matin il y eut une réception familière des FF. et de leurs familles dans les locaux de notre Loge et l'après-midi à une heure eut lieu le banquet au Casino de la ville, auquel participèrent environ 300 frères et soeurs allemands, français et suisses.

Le Vén. de la Loge de Bâle, F. Chr. Buchmann, ouvrit la série des discours en souhaitant à tous la plus cordiale bienvenue. Ensuite prîrent la parole les FF. Bernardin, Cahn, van Raalte, Friedemann, Durant, Köhler, Quartier-la-Tente et Hollstein. Leurs discours sont reproduits, comme nous avons pu nous les procurer, dans les pages suivantes.

Chacun a pu se persuader, en entendant les paroles prononcées et en voyant l'accueil chaleureux que ces idées émises rencontrèrent auprès les FF. allemands et français, que ces FF. ont pris la ferme intention de renouer des relations amicales entre eux et qu'ils n'auront de repos que lorsque le rapprochement de leurs Loges et Grandes Loges aura eu lieu.

Une collecte faite sur le tard, sur la proposition du Fr. F. Riess, en faveur du Bureau international de relations maçonniques, procura la somme de fr. 218. —.

Le Vén. de la Loge »Badenia au Progrès« à Baden-Baden, Fr. Fréd. Schwarz, Dr. en médecine, émit le voeu, au nom de sa Loge, que la prochaine réunion maç. internationale eut lieu à Baden-Baden. Il ne fut pas pris de décision définitive à ce sujet, mais la Loge de Colmar fut de nouveau chargée de s'occuper des préparatifs nécessaires à la prochaine réunion.

Pendant cette fête, de nombreux télégrammes arrivèrent de toutes parts, l'un entr'autre apporta les salutations du Fr. Prof. Dr. F. Kraft, à Gröbersdorf, Silésie, ancien Vén. de la Loge »Au Dôme d'Ervin« à Strasbourg, auquel il fut répondu avec joie et enthousiasme. —

Cette réunion eut pleine réussite et nous espérons qu'elle laissera un long et agréable souvenir à tous les participants.

B â l e, en Septembre 1908.

**La Loge de St-Jean
à „l'Amitié et Constance" à l'Or. de Bâle.**

Zur Rosenverteilung.

Gestattet mir, Ihr Herren und Ihr Frauen,
Die Ihr aus fernen oder nahen Gauen,
Umschlungen durch ein geistig Band,
Versammelt heut am Rheinesstrand,
Zu frohem Fest und Brudermahle
Zu grüssen Euch in diesem Saale!

Gleichviel aus welchem Stamm entsprossen,
Die Menschen alle sind Genossen,
Und Ihr seid Brüder, einerlei
Ob welsch, ob deutsch die Zunge sei!
Und enger heut an dieser Stätte
Mög schliessen sich die Bruderkette!

Gar mächtig rauscht des Festes Prangen
Und höher röten sich die Wangen
Und rascher klopft des Herzens Schlag;
Denn hoch im Wert steht dieser Tag.
Es gilt in Worten und in Tönen
Dem höchsten Gut, dem Dienst des Schönen!

Vergänglich sind die Menschenwerke,
Allein im Guten liegt die Stärke
Begraben auf der Seele Grund,
Den Schatz soll heben Euer Bund!
Was irdisch ist, nur muss vergeh'n,
Was göttlich ist, das bleibt besteh'n!

Was göttlich ist, das muss uns bleiben,
In ew'gem Frühling Schosse treiben,
In dieser Sonne blüh'n gewiss
Die Rosen aus dem Paradies.
So lasst uns froh das Götterzeichen,
Den Blumenschmuck, Euch überreichen.

E. Settelen.

* * *

Nos chers hôtes!

Soyez les bienvenus, vous tous, à notre paisible fête!
Au nom de la jeunesse dont je suis l'interprète,
Laissez moi, avec les accents de ma faible voix,
Vous souhaiter de grand coeur une journée de joie!
Et un mot de gratitude laissez moi trouver,
Pour tout le plaisir que vous nous faites éprouver,
Car c'est une image d'un singulier charme,
De vous voir trois nations ensemble sous les armes,
Dans ces lieux, où il y a cent ans, on leva l'étendard
Des maximes suprèmes, qui sûrement tôt ou tard,
En gagnant du terrain lentement, pied à pied,
Finiront par conquérir l'univers entier!

En attendant ce jour, présage de temps nouveaux,
Semez partout le bien, prêchez l'amour du beau!
Et nous, laissez nous vous offrir, de tout notre cœur,
Comme tribut de la jeunesse, des bouquets de fleurs.

E. Settelen.

Begrüssungsrede

des

Mstrs. v. St. der Loge „zur Freundschaft und Beständigkeit" im Orient Basel, Br. Chr. Buchmann.

Geehrte Schwestern, liebe Brüder!

Namens der Loge zur Freundschaft und Beständigkeit heisse ich Sie alle von nah und fern herzlich willkommen, die Sie zur internationalen Maurer-Vereinigung heute hieher gekommen sind. Wir freuen uns, so viele liebe Schwestern und Brüder aus den verschiedensten Orienten hier versammelt zu sehen.

Vor allem begrüsse ich die verehrten Schwestern, die durch ihre Anwesenheit unserer bescheidenen Vereinigung einen familiären und zugleich festlichen Charakter verleihen. Unser heutiger Anlass soll auch in der Tat nichts anderes sein, als ein Familienfest. Ganz besonders begrüsse ich heute die verdienten und hervorragenden Brüder, die sich um die Anbahnung brüderl. Beziehungen zwischen den französischen und deutschen Logen hervorragende Verdienste erworben haben und bedaure nur, dass der liebe Br. Dr. Fritz Kraft, der frühere Mstr. v. St. der Loge An Erwins Dom im Or. Strassburg, der inzwischen nach Görbersdorf in Schlesien zur Leitung der dortigen Lungenheilstätte übergesiedelt ist, heute nicht in unserer Mitte weilen kann.

Ich begrüsse die anwesenden Ehrenmitglieder unserer Loge und unter ihnen speziell unsern ehrw. und gel. Br.

Quartier-la-Tente, den hochverdienten Vorsteher des internationalen Bureaus für maurerische Beziehungen, das sich
die Annäherung der verschiedenen Gruppen der Weltmaurerei zum Ziele gesetzt hat. Herzlichen Gruss auch den
Stuhlmeistern und Abgeordneten der hier vertretenen
Oriente und allen den lieben besuchenden Brüdern, die uns
mit ihrem Besuche beehrt und erfreut haben. Wir danken
Ihnen für Ihr Erscheinen und hoffen, dass es Ihnen allen
bei uns gut gefallen möge.

Wenn auch viele von uns einander heute zum ersten
Male sehen, wenn auch verschiedene Sprachen und An-
schauungen uns trennen, so sind wir doch alle, so viel wir
in diesem Saale versammelt sind, *eins* in der Stimme des
Herzens, die uns sagt, dass wir zusammengehören, was
sonst auch immer uns trennen mag, *eins* in der Freude, die
uns heute erfüllt und die, wie ich hoffe, in allen Teilnehmern einen bleibenden und nachhaltigen Eindruck hin-
terlassen wird.

Als die Loge zur Treue in Colmar uns ersuchte, eine
internationale Maurer-Zusammenkunft in Basel zu veran-
stalten, da haben wir als Freimaurer und als Schweizer die
Gelegenheit mit Freuden ergriffen, die lieben Brüder aus
Deutschland und aus Frankreich zu uns einzuladen. Als
Freimaurer, weil wir mit allen benachbarten Logen von
jeher die herzlichsten Beziehungen unterhalten haben und
gerne jede Gelegenheit ergreifen, um mit unsern Brüdern
beisammen zu sein. Als Schweizer, weil wir mit den beiden uns befreundeten Nationen sympathisieren, mit der
grossen Schwesterrepublik im Westen und mit dem mächtig aufstrebenden Deutschland, mit denen uns in einer lan-
gen Vergangenheit so viele Berührungspunkte geistiger
und materieller Art verbinden. Als Söhne des neutralen
Schweizerlandes haben wir mit schmerzlichem Bedauern
gesehen, wie vor 38 Jahren die beiden grossen Nationen
einander blutig bekämpft haben; mit aufrichtiger und herz-
licher Freude sehen wir heute, wie die Völker diesseits und
jenseits der Vogesen sich wieder zusammenfinden, wie Beziehungen mannigfacher Art schon jetzt bestehen, wie her-
über und hinüber Freundschaften geknüpft werden, und
ganz besonders freut es uns, dass die Logen an diesen Bestrebungen Anteil nehmen und an der Spitze der Bewegung
stehen. Wie dürfte es auch Anders sein?

Wohl ist uns allen unser eigenes Vaterland lieb und
teuer, und wir alle sind stolz darauf, treue Söhne der Heimat zu sein; die Einen, dass sie Franzosen, die Andern, dass
sie Deutsche und wir Basler, dass wir Schweizer sind. Und
ich glaube, wir dürfen mit Recht stolz sein auf unsre schönen Länder, mit denen sich für jeden Einzelnen von uns
der Begriff der Heimat, des Vaterhauses, ein Stück unsrer
Jugend verbindet.

Aber ist es nicht ein Zufall, dass wir als Franzosen
oder als Deutsche oder als Schweizer geboren werden?
Was bedeuten für uns die Landesgrenzen? Sind wir nicht
alle auch Weltenbürger, Kinder eines allmächtigen Vaters
und als solche Brüder und Schwestern? Und ist nicht das
Wort des Apostels Johannes, den wir alle als Vorbild ver-
ehren, das Wort: »Kinder, liebet Euch unter einander«,
eine Mahnung, dass die Liebe nicht an den Grenzpfählen
Halt machen darf, sondern darüber hinaus alle guten Menschen mit einander verbinden soll.

Darum beschränkt sich der Freimaurer nicht darauf,
nur seine Familie und sein Vaterland zu lieben; er ist
Mensch, und die Liebe zum Nächsten, gleichviel welcher
Nation dieser angehöre, ist ihm eine heilige Pflicht. Der
Patriotismus und die Liebe zum Nächsten schliessen einander nicht aus; im Gegenteil, sie ergänzen und veredeln sich
gegenseitig. Deshalb verlangt das höchste Gesetz der Freimaurerei, dass wir dem Nächsten all' das Gute erweisen,
welches wir selbst von ihm erwarten, wie ja auch als
höchster Ausdruck der Humanität die wahre, aufrichtige
Bruderliebe gilt.

Meine lieben Schwestern und Brüder! Wir sind auch
heute zusammengekommen, um über die engen Grenzen der
Nationalität hinaus uns die Bruderhand zu reichen und
unsre Herzen aufs neue sich erwärmen und entzünden zu
lassen an dem Sonnenglanz edler Bruder- und Menschenliebe. Möge die heutige Zusammenkunft einen glücklichen
Verlauf nehmen und wie die letztjährige auf der Schlucht
dazu beitragen, dass nicht nur die Beziehungen zwischen
den deutschen, französischen und schweizerischen Logen,
sondern auch zwischen den drei Völkern, ja unter allen
Menschen auf dem weiten Erdenrunde, immer freund-
schaftlichere und innigere werden.

In diesem Sinne lade ich Sie ein, mit mir zu trinken
auf eine glückliche Zukunft der deutschen und der fran-

zösischen Nation und auf die Menschen- und Bruderliebe,
welche alle Schranken zwischen den Völkern überwindet.

Discours

du

F. Ch. Bernardin, membre du Cons. de l'Ordre et du Grand Collège des Rites du G. O. de France, Vénérable de la R. L. Saint Jean de Jérusalem, Or. de Nancy.

Mes F. F.

Quoique membre du Conseil de l'Ordre du G. O. de France, ce n'est pas en cette qualité que je prends la parole aujourd'hui. J'agis simplement comme Vén. de la R. L. Saint-Jean de Jérusalem, Or. de Nancy, et au nom d'un très grand nombre de FF. MM. de la Région de l'Est de la France.

Les premières paroles qui sortiront de mes lèvres seront des remerciments pour la R. L. *Zur Treue* à l'Or. de Colmar à l'initiative de laquelle nous devons les grandes journées maçonniques de la Schlucht et de Bâle.

Elles seront aussi pour les premiers artisans de cette oeuvre de réconciliation; pour le noble et généreux F. Kraft, ancien Vén. de la R. L. *Erwins Dom* Or. de Strasbourg, pour mon excellent ami Laurent, Vén. de la R. L. *Les Chevaliers Unis,* Or. de Lyon, et pour vous. mon T. C. F. Cahn, de l'Or. de Colmar.

J'adresse un salut fraternel à la G. L. Suisse Alpina et tout particulièrement à celui de ses membres que je connais plus spécialement, à notre T. ill. F. Quartier-la-Tente qui s'est voué tout entier à la cause de la réconciliation mac.; à celui qui par sa spirituelle bonhomie. par la fermeté de son caractère, par son affabilité, sa vaillance et sa sérénité, incarne si bien les vertus que l'on trouve en si

grand nombre dans le beau pays des lacs bleus et des *monts
indépendants,* au cœur du peuple de la République sœur.

Mes F. F.

Ici — comme l'année dernière à la Schlucht — nous
sommes réunis dans un but sacré: celui de la Fraternité
en dehors de laquelle il ne peut pas exister de Franc-maçon-
nerie.

Tout a été dit antérieurement sur le caractère de nos
grandes réunions; néanmoins, pour éviter toute équivoque,
je crois devoir préciser une fois de plus que, loin de venir
faire ici de l'internationalisme antipatriotique, chacun de
nous entend au contraire y affirmer son amour sans bornes
pour son pays tout en reconnaissant que celui-ci ne cons-
titue qu'une *province* de cette grande patrie commune
qui s'appelle l'Humanité.

Nos adversaires peuvent nous calomnier à leur aise,
nous savons que ce n'est pas amoindrir nos patries respec-
tives que de les vouloir généreuses et pacifiques.

Pendant trop longtemps hélas on a considéré les frontières comme des bornes infranchissables au delà desquelles
il n'y avait que des êtres qu'il était nécessaire d'exterminer
de temps à autre et de haïr continuellement.

Eh! bien, ce patriotisme barbare, fait de haine et d'envie
n'a que trop duré; nous entendons le remplacer par un autre
basé sur l'amour. Nous travaillons en ce moment à abaisser
nos frontières, à supprimer les guerres; nos patries respec-
tives, parce qu'elles seront moins inhumaines en seront-
elles moins unies et moins respectées?

Autrefois, dans la même cité, il y avait des guerres
interminables de famille à famille: Montaigu contre Ca-
pulet! Les maisons s'armaient comme des places fortes.
Telle fenêtre bardée de fer, regardait, inquiète et menaçante, telle autre fenêtre inquiète, menaçante et bardée de
fer: le sang coulait dans la rue. Or, les guerres sanglantes
ont disparu de famille à famille. Est-ce à dire que la
famille soit moins unie, moins respectée?

Autrefois, il y avait des guerres de cité à cité dans le
même pays. Telle cité lançait sans cesse des bandes de
mercenaires contre les mercenaires à la solde de la cité
voisine. — Les mercenaires se battaient, se blessaient, se
tuaient même parfois entre eux. Toujours, tôt ou tard,
les cités étaient pillées et ruinées. Or la guerre a disparu

de cité à cité. La cité en est-elle moins unie, moins respectée?

Eh bien, de même, la guerre de nation à nation doit disparaître avec son abominable cortège de crimes, et l'amour de la patrie n'en sera que plus profond, plus pieux et plus noble. Les luttes où il se manifestera d'une façon éclatante seront les luttes de la paix sur le terrain industriel, scientifique artistique et littéraire. Car ce qui fait la grandeur d'une nation ce n'est pas le nombre de kilomètres carrés qui composent son territoire, c'est la réalisation de son idéal de justice, c'est son rayonnement intellectuel et artistique. S'il en était autrement nous devrions exclure Athènes de notre admiration pour reporter celle-ci tout entière sur les plaines sans fin de la Sibérie.

Nous devrions aussi dédaigner cette petite République Suisse qui marche à la tête de la civilisation par toutes les idées humanitaires dont elle se fait l'apôtre, par sa générosité et par ses heureuses initiatives.

Oui, mes F. F., crions guerre à la guerre, réconcilions les peuples ennemis et prêchons le désarmement. Les armes fabriquées pour tuer doivent être reléguées dans les musées à côté des instruments de torture. Enseignons la paix et ses bienfaits. Rappelons aux hommes que les oeuvres de la guerre sont monstrueusement éphémères; que les victoires s'effacent toujours sous les défaites et que les traités se succèdent en s'abrogeant.

Faisons voir la guerre comme elle est: une Pénélope sanglante et imbécile, qui détruit continuellement ce qu'elle a tissé, n'en gardant pas même ce qu'il faut pour faire des linceuils!

L'Europe, en ce moment, s'épuise, se dégrade, se déshonore et se ruine dans la préparation et dans l'épouvante de la guerre maudite! — La F. M. veut la fin de cette déplorable situation par l'union des peuples. Elle demande que ces milliards qui tous les ans s'en vont en fusils, en canons, en fumée soient la rançon de la misère, de l'ignorance et de tous les fléaux qui en découlent. Que d'écoles on aurait pour le prix d'un fort! Que de laboratoires pour le prix d'un arsenal! Que de sanatoriums pour celui d'une caserne!

Distribuées aux ouvriers, aux agriculteurs, aux savants, les sommes folles que l'on consacre annuellement à la destruction des hommes amélioreraient puissamment toutes les conditions de la vie et rapprocheraient l'Humanité de la Cité Heureuse que nous entrevoyons aux confins de l'avenir.

Que l'on se rassure, plus tard il y aura encore des conquêtes à entreprendre et de grandes choses à accomplir — de grandes choses que nous n'entrevoyons pas dans notre infirmité mentale d'aujourd'hui, mais que pourtant nous pressentons.

Force sera d'abord de combler tout un abîme d'ignorance, de faire disparaître la misère matérielle et morale: d'éteindre ainsi les haines sociales. — Il faudra ensuite calmer les passions tumultueuses de nos sens, diriger nos énergies vers plus de justice et de bonté. — Il faudra enfin arriver à ce que tous les hommes aient, non plus sur les lèvres mais au fond de leur coeur ce grand mot de *solidarité* qui doit être le but suprême de toutes les civilisations.

Mais en attendant, il faut aller au plus pressé. Il y a tout d'abord une besogne urgente et difficile a accomplir: *l'établissement de la paix universelle.* Pour cela il est nécessaire que nous tous F. F. M. M., qui sommes unis dans un profond sentiment de solidarité, nous ne nous relâchions pas dans notre prosélytisme; il nous faut répéter sans cesse et partout: *»Le premier mal à combattre, le pire fléau de l'Humanité, c'est la Guerre; pour le faire disparaître, réconcilions les Peuples«.* Et ce nouveau *delenda Carthago* ne doit pas être pour nous une simple et platonique opinion, il faut au contraire qu'il s'exprime par une action incessante et continue jusqu'au jour où le monstre sera terrassé.

* * *

Nous avons contre nous beaucoup d'ennemis. D'abord tous ceux qui oppriment, puis ceux qui assoient leur prépondérance matérielle et leur autorité morale sur la misère ou sur l'ignorance des peuples, et ils sont nombreux! — De plus, les monarchies et les féodalités restent guerrières. Leurs traditions et leurs instincts les enferment dans leur forteresse, les bouclent dans leur cuirasse, les attachent à leur épée. Mais ce n'est ni aux oppresseurs ni aux bénéficiaires de l'obscurantisme ni aux monarchies ni aux féodalités que nous nous adressons: C'est aux Peuples eux-mêmes *directement,* car nous distinguons entre les Peuples et leurs gouvernements, nous ne confondons pas les uns avec les autres, et nous nous refusons à reconnaître dans les discours sibyllins et belliqueux des représentants officiels ou de leurs diplomates, les dèsiderata des Nations. Aussi, pour mettre les points sur les i, je déclare nettement que nous autres F. F. M. M. français nous ne confondons pas le Peuple Allemand avec son gouvernement, pas plus que nous ne confondons le peuple mac. Allemand qui est ici avec ceux de ses dirigeants qui ne voudraient pas s'y trouver.

En ce qui concerne la réconciliation *officielle* des mac. Françaises et Allemandes, prélude de celle de ces deux grands peuples et par conséquent prélude de l'extinction définitif de la guerre infâme, de mauvaises nouvelles me sont parvenues de Bayreuth. Les G. L. Allemandes auraient ajourné le décret officiel.

Si je suis bien renseigné, deux des 8 Puissances mac. Allemandes se seraient prononcées contre la réconciliation, annulant ainsi le vote des 6 autres Puissances favorables, puisque l'unanimité est exigée pour prendre une détermination de ce genre.

On ne nous pardonnerait pas, paraît-il, de n'imposer à nos adeptes aucune affirmation dogmatique et de laisser à l'appréciation individuelle de chacun des membres du G. O. de France toutes les conceptions métaphysiques indémontrées et indémontrables.

C'est donc la pensée libre que certains dirigeants de la F. M. Allemande condamnerait ainsi en nous, puisque le G. O. de France, s'il n'est pas obligatoirement déiste n'est pas plus obligatoirement athée.

Et cependant les antiques *Constitutions* d'Anderson qui sont les *tables de la loi* de la F. M. Universelle, ces *constitutions* fameuses élaborées en 1723, au nom des quelles *la Grande Loge Unie d'Angleterre* excommunie aujourd'hui le G. O. de France, portent textuellement ceci:

»Quoique dans les temps anciens. les mac. fussent »obligés dans chaque contrée d'être de la religion de cette »contrée ou nation quelle qu'elle fut. on pense qu'il est plus »expédient de les obliger à être de la religion sur laquelle »tout le monde est d'accord; elle consiste à être bons, loyaux, »gens d'honneur et de probité, quelle que soit la croyance »et la dénomination par laquelle ils se distinguent: ainsi »la mac. deviendra le centre d'Union et le moyen d'établir »des liens d'amitié sincère entre personnes qui autrement »fussent à jamais demeurées étrangères les unes aux

»autres. En tant que mac. nous ne professons que la religion
»universelle indiquée précèdemment, de même que nous
»sommes de toutes les races, de toutes les nations et de
»toutes les langues«.

Or j'affirme, mes F. F. que le G. O. de France est resté
fidèle à l'esprit des *Constitutions* d'Anderson et que le fait
par lui de n'imposer à ses membres aucune affirmation
dogmatique *indémontrée et indémontrable* n'a pas pour
conséquence de remplacer cette affirmation par une néga-
tion tout ainsi indémontrée et indémontrable.

Peut-on, mes F. F., je vous le demande, peut-on faire
un crime au G. O. de France de ne pas se targuer en pareille
matière d'une infaillibilité qu'il sait ne pas avoir?

On a parlé aussi — je voudrais ne pas le croire — de
la nécessité qu'il y aurait pour le G. O. de France de faire
avant tout des excuses à la mac. Allemande à l'occasion
d'un acte qu'elle considère comme injurieux pour elle et
qui aurait été accompli il y a 38 ans.

Eh bien je le dis carrément ici, des excuses, le G. O.
de France n'en fera *jamais* parcequ'il n'a pas à en faire.
L'acte en question n'émane pas de lui mais bien de membres
isolés et sans mandat de 10 Loges parisiennes n'apparte-
nant pas toutes à son obédience.

Je me suis expliqué très complètement à Strasbourg
sur la nature de cet acte et sur sa valeur juridique, je ne
veux pas y revenir ici; j'ai prouvé qu'il était illégal incon-
stitutionnel, anti maçonnique, qu'il n'en subsistait aucune
trace officielle. qu'il était inexistant en droit et qu'il a été
le résultat de l'exaspération patriotique bien excusable si
l'on se reporte à la terrible époque à laquelle il a été accompli.

Encore une fois le Conseil de l'Ordre du G. O. de France
ne peut pas en être rendu responsable et je dis qu'il faut
jeter un voile sur le passé. La réconciliation ne doit hu-
milier aucune des parties en cause. Quand deux collecti-
vités, comme deux hommes qui ont été un certain temps
brouillés, veulent se réconcilier parceque l'animosité qu'elles
éprouvaient l'une contre l'autre a disparu, ce qu'elles ont
de mieux à faire c'est de reprendre les relations sans plus
ample explication. Revenir sur les vieilles histoires serait
un sûr moyen de rouvrir les blessures d'amour propre et
de réveiller les antagonismes.

Que cet échec momentané — et tout diplomatique — ne nous décourage pas mes F. F. mais au contraire qu'il nous serve de stimulant. Le peuple mac. du pays d'où je suis a toujours su imposer sa volonté à ses dirigeants, pourquoi n'en serait-il pas de même ailleurs? En ce qui me concerne, je vous jure que je continuerai plus que jamais mon oeuvre de propagande pour la réconciliation jusqu'au jour du triomphe définitif.

Si quelques dirigeants mac. ont parlé à Bayreuth, le peuple mac. lui, à déjà parlé à la Schlucht et aujourd'hui même il parle à Bâle. Parodiant une parole célèbre prononcée dans une cause aussi sacrée que la notre, il dit que *la Réconciliation est en marche et que rien ne l'arrêtera.* En dépit des obstacles, des relations fraternelles et affectueuses sont déjà *officiellement* rétablies entre les L. L. de Lyon, de Strasbourg, de Nancy, de Metz, d'Epinal, de Mulhouse, de Belfort, de Besançon, de Montbéliard, de Troyes, de Sedan, de Saarbrück, de Tréves, de Saint-Dié, de Colmar, de Remiremont et certaines de Paris.

Cette réconciliation partielle que je défie qui que ce soit de rompre aujourd'hui est l'oeuvre du Peuple maçonnique; il ne tient qu'à lui de continuer.

A la Schlucht — prévoyant ce qui vient d'arriver — je vous ai demandé de prendre deux engagements: celui de nous réunir une fois par an *quoiqu'il arrive,* comme nous le faisions alors et comme nous le faisons encore aujourd'hui.

Et celui de n'accorder nos suffrages dans toutes les élections mac. qu'à ceux de nos F. F. qui partagent nos idées. Ces engagements vous les avez pris, je vous demande de les renouveler aujourd'hui et de fixer immédiatement le siège de nos premières assises.

Mes F. F. je termine:

Si au cours de cette allocution quelques uns d'entre vous ont trouvé que certains passages n'étaient pas conformes à la conception qu'ils ont de la discipline mac. je les prie de m'excuser en faisant la part de ma mentalité de fils de la Révolution Française et de Franc-maçon de ce *Grand Orient de France* que notre T. ill. F. Quartier-la-Tente qualifie volontiers *d'enfant terrible de la F. M.*

Soyez persuadés, mes F. F. que je respecte toutes vos opinions quelles qu'elles soient et que mon coeur ne nourrit

à votre égard que d'affectueux sentiments de fraternelle sympathie. Seul mon ardent désir d'atteindre le but le plus tôt possible doit être rendu responsable de ce qui a pu vous surprendre dans mon langage.

* * *

La route est tracée, il nous faut maintenant la parcourir sans défaillance, sans nous laisser arrêter par les ronces du chemin ou par les obstacles qui seront prodigués sous nos pas. Il faut que sur ce terrain si maçonnique de la Fraternité Universelle, comme sur tous les autres terrains humanitaires, la F. M. garde sa place au premier rang, et qu'elle proclame devant l'Univers que celle qui fut de tout temps l'éducatrice des hommes, entend à cette heure décisive remplir sa mission d'éducatrice des nations et réaliser dans un avenir prochain, après la Fraternité des individus, la Fraternité des peuples.

Et c'est plein de joie, d'espoir et de courage que je vous salue tous, mes F. F. au nom de la L. de Nancy, que seul je représente aujourd'hui officiellement à Bâle, en constatant que déjà ces vers du poëte français V. Hugo trouvent ici même leur réalisation:

> Les rancunes sont effacées
> Tous les coeurs, toutes les pensées
> Qu'anime le même dessein
> Ne font plus qu'un faisceau superbe
> Prenons pour lier cette gerbe,
> La vieille corde du tocsin.
>
> Au fond des cieux un point scintille
> Regardez, il grandit il brille.
> Il approche, énorme et vermeil
> O Fraternité Universelle
> Tu n'es encore que l'étincelle
> Demain tu seras le soleil.

Ansprache

von

**Bruder Cahn, Meister vom Stuhl der Loge „zur Treue"
im Orient Colmar.**

Meine geliebten Brüder!

Bei unserer vorjährigen Zusammenkunft auf der
Schlucht in den Hochvogesen waren viele Schweizer Brüder zugegen, um das Interesse und die Sympathie der hel-
vetischen Freimaurerei für die deutsch-französische Mau-
rerverbrüderung zu bekunden. Diesmal aber haben unsere
Schweizer Brüder mehr getan. Sie haben die Freimaurer
der beiden Nachbarstaaten zu sich geladen, um das auf der
Schlucht gefeierte Fest reinsten Menschentums hier zu er-
neuern. Im Namen meiner Loge zur Treue in Colmar,
welche die erste Anregung zu diesem internationalen Mau-
rertag gegeben, im Namen der hier anwesenden deutschen
Freimaurer danke ich der gel. Basler Loge zur Freundschaft und Beständigkeit für ihre von ächt maurerischem
Geiste zeugende Initiative. Ja, mein verehrter und lieber
Meister Buchmann, mit Recht haben Sie gedacht, dass zu
einem Feste, wo Männer verschiedener Nationen sich als
Brüder fühlen, schätzen und vereinen sollen, kein Ort so
gut sich eignet wie diese heilige Erde der Freiheit und
Menschenwürde, Ihr herrliches Schweizerland. Und so
möge denn aus der von Ihnen, gel. Brüder der Schweiz,
bewerkstelligten Zusammenkunft Erspriessliches erwachsen zum Heil der Weltmaurerei und zum Glück unserer
Völker!

Meine Brüder!

Auf dem Grosslogentage, der am 7. Juni d. J. in Bayreuth arbeitete, wurde beschlossen, »*dass man beim gegen-
wärtigen Stand der Verhältnisse keine Veranlassung habe,
der Wiederaufnahme freundschaftlicher Beziehungen zum
Grossorient von Frankreich näher zu treten.*«

Sie hören es, meine Brüder, der Grosslogenbund erachtet, dass keine Veranlassung vorliege! Wenn also die unvergessliche Zusammenkunft auf der Schlucht in Berlin nur Achselzucken erregt haben sollte statt freudiger Herzenswallungen, wenn die sehnlichen Wünsche so vieler vortrefflicher Masonen, wenn ihre zahlreichen Kundgebungen, ihre dringenden Bitten unsere Grosslogen kühl lassen, wenn alles, was in den letzten zwei Jahren in der Sache geschehen ist, alles was die Besten von uns mit Wort, Schrift und Tat geleistet haben, wenn dies alles so unwichtig scheint, dass man uns erklären kann, *es läge keine Veranlassung vor*, nun denn, meine Brüder, so müssen wir eben darnach trachten, unseren Grosslogen die noch fehlende Veranlassung zu geben; und, meine gel. Brüder, wir haben das Glück, dass gerade unsere heutige Zusammenkunft diese Veranlassung gezeitigt hat.

Als nämlich in der Frühjahrsversammlung der Grossen Loge von Preussen, genannt Royal York zur Freundschaft, am 9. Mai d. J. die Frage der Herstellung freundschaftlicher maurerischer Beziehungen zu dem Grand Orient de France besprochen wurde, erklärte der Grossmeister von Royal York, unser hochverehrter Br. Wagner: *»Der Grand Orient halte sich der deutschen Grosslogen gegenüber sichtlich zurück und wünsche, dass diese zu ihm kämen; dazu sei aber Royal York nicht bereit, werde vielmehr warten, bis der Grand Orient den ersten Schritt tue.«*

Nun, meine Brüder, der Grand Orient de France hat den ersten Schritt getan. Der Ordensrat des Grand Orient ist heute, wenn auch nicht offiziell so doch offiziös, hier vertreten durch sein Mitglied, den sehr ehrw. Br. Bernardin, und Sie haben alle gehört, welche Erklärungen Br. Bernardin soeben feierlich und ausdrücklich abgegeben hat. Unverkennbar spricht aus seinen Worten die Gesinnung der ganzen französischen Masonei, und kein Zweifel kann mehr bestehen an der rückhaltlos freundschaftlichen Haltung des Grand Orient gegenüber der deutschen Freimaurerei.

Und jetzt, meine Brüder, haben die deutschen Grosslogen das Wort! Der Grand Orient hat den ersten Schritt getan. Er bietet heute dem deutschen Grosslogenbund die Bruderhand. Lasst uns für die Ehre der deutschen Freimaurerei zuversichtlich hoffen, dass diese französische

Hand von den berufenen 8 deutschen Händen gefasst und
gedrückt werde. Und so wird es einmal mehr sich zeigen,
dass wir nicht armselige Schwärmer sind, wenn wir an die
weltbefreiende Rolle der Freimaurerei glauben, wenn wir
der Überzeugung leben, dass die Freimaurerei nicht ein
in der Gefolgschaft der Grossen einherhumpelndes blindes
Altweiblein sein soll, sondern die sehende und strahlende
Führerin der Völker.

Discours

du

F. S.-A. Van Raalte 33e, Vén. de la R. L. Fraternité des Peuples, Or. de Paris.

Vénérable Maître,
tt. chers et tt. illustres frères,

C'est au nom de la respectable Loge »Fraternité des
Peuples«, Orient de Paris, que j'ai demandé la parole à
cette table de banquet, et il me semble que le nom particulièrement symbolique de l'Atelier que je représente me
donne quelque droit à cette parole réclamée.

Permettez-moi avant tout, de saluer mon ill. F. Bernardin, qui vient de vous dire si éloquemment le but qu'il
poursuit depuis si longtemps. C'est lui qui a su vaincre
mes résistances en m'exposant l'idéal si noble de réconciliation fraternelle auquel il aspire, et auquel se ral-
lient chaque jour des Loges rebelles au début, convaincues
ensuite par la voix chaude et persuasive de Bernardin.
Il méritait que cet hommage lui fût rendu publiquement
par un de ceux qui se font gloire de marcher sur ses
traces, et surtout que cet hommage lui fût rendu aujourd'hui, en cette fête superbe, et en présence des frères
si nombreux accourus de Suisse, d'Allemagne et de France.

L'heure des réconciliations internationales semble vraiment avoir sonné à l'horloge diplomatique de ce siècle. Et quand les diplomates, lents par devoir professionnel et par prudence obligatoire, marquent le progrès, les maçons à initiative généreuse et à élan cordial, peuvent-ils rester en arrière? Au nom de ma Loge de Paris, je salue, sans réticence et du fond de mon coeur de maçon, les frères allemands et helvétiques, assis à mes côtés en ce jour de fête.

Merci aux frères de la R. L. »Amitié et Constance«, Or. de Bâle, d'avoir bien voulu nous convoquer fraternellement, de nous avoir introduit dans leur beau temple, de nous avoir servi de guides spirituels et matériels, de nous avoir fait comprendre une fois de plus que la terre helvétique et la terre bâloise, étaient et sont toujours les pays classiques de l'hospitalité!

N'est-ce pas vous, vaillant peuple des bords du Rhin suisse, qui êtes accouru jadis au secours des Strasbourgeois, en leur apportant les vivres qui commençaient à leur faire défaut? N'est-ce pas vous, vaillante soeur, noble Helvétie aux vingt-deux états puissamment unis par l'amour, qui avez su ouvrir les portes du temple de l'hospitalité aux soldats de Bourbaki vous faisant le signe de détresse.

Mais c'est là le passé, le passé horrible des guerres fratricides! L'heure des luttes à main armée n'est plus, les peuples aspirent à la paix féconde, et ne veulent plus de ces affreuses boucheries, où les épouses pleurent leurs époux, où les mères se déséspèrent de la mort de leurs fils! Dans les sillons arrosés du sang humain, le blé vient mal; et le pain, n'en déplaise aux partisans de belliqueuses revanches, est plus utile aux races travailleuses, que les inventions de fusils à longue portée, ou de poudre sans fumée.

La moisson des idées d'amour universel va germer, et c'est nous, maçons, qui devons être les édificateurs de cette ère d'affection fraternelle. Il n'y a pas de races opposées, il n'y a pas de religions ennemies; ce sont là des aphorismes dignes d'un autre âge, mais sonnant faux en notre époque scientifique et rationnelle. Tous les hommes sont frères, nous devons communier ensemble à la table de l'internationale entente!

Ne parlons même pas de réconciliation! il ne peut en être question entre maçons, c'est-à-dire entre frères qui ne furent jamais ennemis! Laissons s'accomplir entre nos obédiences les grands et loyaux efforts destinés à la reprise d'officielles relations; mais en attendant, le cri des peuples et des masses, le désir commun (auquel nul frein ne saurait être imposé) tend à faire joindre les mains et à pousser un alléluia de fraternelle tendresse. Nous qui sommes venus à Bâle, nous sommes les porteurs symboliques du rameau d'olivier, et je suis certain que d'ici peu, cet olivier greffé sur l'acacia maçonnique, donnera racines à un arbre indestructible, dont chaque feuille signifiera: *Amour, Union, Harmonie, Sagesse, Force et Beauté.*

Et nulle terre ne pouvait être mieux choisie que la *Suisse* pour cette fraternelle étreinte internationale!

Semblable à la rose des Alpes, qui couvre le soir les cîmes neigeuses de vos montagnes, qui éclaire de sa splendeur vespérale les rives de vos lacs enchanteurs, une aurore nouvelle (rose tendre, elle aussi), va éclairer le monde, répandre son calme bienfaisant et déterminer les hommes à s'aimer les uns les autres. Denn es gibt nichts Schöneres, meine geliebten Brüder, als die Liebe eines Menschen zum andern, als die Liebe eines Freimaurers zu seinem Bruder, was auch sein Stand, welches auch sein Vaterland sein möge.

Ansprache

von

Bruder Friedmann, Meister vom Stuhl der Loge „An Erwins Dom", Orient Strassburg im Els.

Liebwerte Schwestern, geliebte Brüder!

Es ist ein gar eigen wundersam Gefühl, das mich in diesem Augenblick beherrscht, und es wird mir schwer, die rechten Worte zu finden, um das zum Ausdruck zu brin-

gen, was ich empfinde. Vor meinem geistigen Auge sehe
ich in deutlichen Umrissen das Bild des grossen Tempels
der Humanität sich abheben, der den Völkern den ewigen
Frieden verkündet. Aber nur zu bald wieder entschwindet
das verlockende Bild und die Wirklichkeit zeigt Streit und
Hader, wohin man blickt, und Kampf um nichtige Dinge,
Kampf um äussere Macht und Herrschaft.

Und doch, meine Brüder, leuchtet uns das Morgenrot
einer schöneren Zeit. Die heutige Versammlung von Hun-
derten von Brüdern verschiedener Systeme, verschiedener
Nationen und Landsmannschaften, die sich hier zusammen-
gefunden haben — begleitet von teuren Schwestern, den
unentbehrlichen Mitarbeiterinnen auf dem grossen Gebiete
der Humanität — zu einem imposanten *Verbrüderungsfest,*
spricht eine laute, vernehmliche, glückverheissende
Sprache.

Und glücklich schätze ich mich, dass es mir vergönnt
ist, vor Sie hintreten zu dürfen, um Ihnen Grüsse zu über-
bringen von den Brüdern meiner Loge »An Erwin's Dom«
im Orient Strassburg, Grüsse, die nicht verwehen sollen
mit dem Hauche des Augenblicks, nein, die eine Stätte finden wollen in allen Herzen, die mit uns fühlen, mit uns
schlagen — in *Ihren* Herzen.

Und doppelt glücklich schätze ich mich, der Überbrin-
ger dieser Grüsse zu sein, denn ich bin stolz darauf, dem-
jenigen Orient anzugehören, aus dem der frohe Weckruf
erklungen, der Ruf, der lauten Widerhall gefunden hat in
Nord und Süd, in Ost und West.

Menschen kommen und gehen, Personen wechseln in
der Leitung unsrer Logen. Aber »ob alles im ewigen
Wechsel kreist, es beharret im Wechsel ein ewiger Geist!«
Und laut will ich es hier bekunden, dass *der* Geist, von
dessen frischem Wehen Ihnen unser gel. Bruder Kraft, den
Sie ja alle kennen und schätzen, vor wenigen Monden erst
hier an dieser Stelle beredte Kunde gegeben hat, dass dieser
Geist, sage ich, gestern wie heute, nach wie vor in unserer
Bauhütte lebendig ist.

Ja, meine Brüder, die freiheitlich-reformatorische Bewegung in unserm innern Logenleben wie der aufrichtige
Wunsch nach wirklich freimaurerischen Beziehungen unter
den Brüdern *aller* Nationen und *aller* Völker lebt heute in
unseren Kreisen glühender, verlangender denn je. Und wie
der gute Gärtner seine Blumen hegt und pflegt, und wie er

dabei bedacht sein wird, sie zu veredeln und zur möglich-
sten Vervollkommnung zu bringen, aber jede nach ihrer
heimischen Eigenart: so wollen auch wir der Freimaurerei
eines jeden Landes dessen heimische Eigenart, den *nationalen Charakter* bewahrt wissen. Unser aller gemeinsames
Bestreben aber soll ebenfalls dem des guten Gärtners gleichen: Veredlung und möglichste Vervollkommnung unserer
selbst und unserer Mitmenschen auf dem ganzen Erden-
rund, treue, gewissenhafte Arbeit in dem weiten, weiten
Garten der Humanität, festes Einstehen für die Eintracht
aller Völker. Und meine Brüder von Erwin's Dom sind
mit mir fest entschlossen, im Verein mit den uns eng befreundeten Bauhütten, die dem »Oberrheinischen Stuhl-
meistertag« angehören, in dem unsere Bewegungen sich
kristallisiert haben, weiter zu schreiten auf dem von uns
als richtig erkannten Wege, dessen Endziel dem *Frieden*
gilt.

Und wenn wir nun auch *eines* glücklichen Erfolges uns
rühmen dürfen, nämlich die Anerkennung der Grande Loge
de France seitens unserer deutschen Grosslogen, so sind wir
damit nicht zufrieden, dürfen wir nicht zufrieden sein.
Nein, wir verlangen mehr, wir fordern als unser gutes
Recht die Wiederanknüpfung der offiziellen Beziehungen
unserer deutschen Grosslogen zum Grand Orient de France.
Wir wollen uns nicht mit dem freundschaftlichen Verkehr
von Loge zu Loge begnügen, den wir freilich hegen und
pflegen und immer weiter ausbreiten müssen, bis wir unser
Ziel erreicht haben. Und wie jede gesunde, freiheitliche
Bewegung aus der Völkerseele stammt und immer weitere
Kreise zieht und alle Hindernisse, die sich ihr entgegen-
türmen, fortreisst mit elementarer Gewalt — so wird auch
unsere Bewegung den Sieg erringen, so wird man endlich
oben dem mächtigen Ansturm von unten nicht länger wi-
derstreben können, und wie ein Sturm der Begeisterung
wird es durch die gesamte Freimaurerwelt gehen, wenn es
heissen wird: Endlich soll das Vergangene vergessen sein,
endlich soll das zerissene Band aufs neue zusammengefügt,
aufs neue befestigt werden! O, meine Brüder, das wahrlich
ist ein Ziel, aufs innigste zu wünschen. Und dieser Wunsch
soll und muss und wird in Erfüllung gehen. Das Morgenrot einer schöneren Zeit bricht an, und bald kommt die
Stunde, da die freie Schweiz, auf deren gastlichem Boden
wir heute stehen, ihre beiden benachbarten grossen Kultur-

nationen links und rechts mit gleicher Liebe umfassen und umschlingen und ihre Hände in einander fügen darf. Dann wird in heiligem Dreiklang ein voller Akkord ertönen, der wird anschwellen und anschwellen zu einer einzigen mächtigen Melodie, einer Melodie zu den Worten des Schweizer Freiheitshelden: *Wir wollen sein ein einzig Volk von Brüdern!*

Et maintenant, mes chers frères, vous qui ne comprenez pas l'allemand, permettez-moi de vous adresser quelques paroles, tout en vous demandant de l'indulgence ne pouvant m'exprimer que difficilement en votre langue. Mais, c'est le coeur qui vaut et non pas les paroles, et mes paroles viennent du fond de mon coeur. Comme successeur de notre frère Kraft, que vous connaissez et estimez tous, je viens vous apporter les salutations les plus amicales et les plus cordiales de mes frères de la Loge »An Erwin's Dom, Orient de Strasbourg«, et je viens vous dire que nos sentiments sont et resteront toujours les mêmes, et que nous sommes résolus, de défendre nos désirs, nos droits et notre but que vous connaissez, jusqu'à la fin et comme j'espère jusqu'à une fin favorable et heureuse!

Ansprache

des

Bruders Gustav Köhler, Meister vom Stuhl der Loge „zum treuen Herzen" im Orient Strassburg im Els.

Meine sehr verehrten Schwestern!
Geliebte Brüder!

Als im vorigen Jahre, dem Rufe der geliebten Colmarer Bauhütte folgend, viele von uns sich auf der »Schlucht« versammelten, um, Brüder der verschiedensten Systeme aus Frankreich und Luxemburg, aus der

Schweiz und Deutschland, dem Einheitsgedanken der Weltmaurerei, freundschaftlichen internationalen Beziehungen
zwischen den Maurern der einzelnen Völker zu dienen, ins-
besondere aber die Annäherung zwischen den französischen
und deutschen Brüdern zu fördern, da geschah es nicht
ohne Bangen und Zagen, wenn auch in bester Absicht und
in gutem Glauben. Nicht ohne Bangen und Zagen! Gab
es doch Zweifler, Nörgler, Zurückhaltende, Kühle und Vor-
eingenommene selbst in unsern Reihen. Ausserdem aber
war es auch den Zuversichtlichsten völlig klar, welche Hindernisse, erwachsen aus politischen Schwierigkeiten und
den unerfreulichen Beziehungen offizieller Art unter den
Grosslogen, entgegenstanden, um unsere hohen Ideale zu
verwirklichen. Und mancher von uns, der in heller Begeisterung für sie glühte, sorgte sich doch bei der Frage,
ob die Tagung auch besucht sein und günstige Erfolge zei-
tigen werde. Aber wir hofften doch alles Gute, weil wir
ja an das Gute in allen den Bemühungen und Bestrebungen
in der Gesamtmaurerei glaubten, die der grossen Idee des
Zusammenwirkens aller Brüder zum Zwecke der Förderung
des Menschheitsfriedens und der Menschheitskultur, kurz
aller hohen Aufgaben der Humanität, der Menschenliebe,
ihre Kräfte widmen wollen. Und durch die bevorstehende
Zusammenkunft in bescheidener Weise doch auch dem gleichen Ziele zu dienen, namentlich aber ein freundschaftli-
ches Verhältnis unter den französischen und deutschen
Brüdern durch Beseitigung von Missverständnissen und
Vorurteilen, durch ehrliche Aussprache und Verständigung
anzubahnen und so mit der Arbeit für die einträchtige
Fortentwicklung der beiden grossen Kulturvölker zugleich
die friedliche Entwicklung der ganzen Menschheit zu
sichern: das war ja unsre Absicht! — Und alle Sorgen
wurden zerstreut, die kühnsten Hoffnungen erfüllt, halbe
und ganze Gegner, Misstrauische, Zweifelnde in Freunde
und Anhänger der Annäherungs-Idee verwandelt, wir
trennten uns nach den in der allgemeinen Begeisterung
herrlich verlaufenen Stunden mit der freudigsten Zuver-
sicht, in der gewissesten Erwartung. Nicht nur, dass die
Veranstaltung, wie allgemein gewünscht worden, zu einer
dauernden Einrichtung für die maurerischen Beziehungen
der beteiligt gewesen Nationen sich entwickeln werde.
Nein, auch insofern wir alle hofften, die offiziellen Vertretungen der Freimaurerei würden für ihre Tätigkeit aus der

zutagegetretenen Einigkeit der versammelt gewesenen
Brüder der verschiedensten Systeme den Antrieb gewinnen,
solche Eintracht, solche freundschaftlichen Beziehungen
offiziell von Volk zu Volk, von Grossloge zu Grossloge her-
stellen zu wollen.

Die erste Erwartung hat uns nicht getäuscht. Wir
sind in diesem Jahre, einer freundlichen Anregung der lieben Brüder aus Basel folgend, wieder zusammengekommen,
vom gleichen Geiste, von den gleichen Bestrebungen be-
seelt, aber weit zahlreicher, als im vorigen Jahre. Und das
allein schon beweist, wie tief die Idee, der wir dienen wollen, Wurzeln geschlagen hat! Dann aber auch mit noch
grösseren und freudigeren allgemeinen Hoffnungen. Das
zeigten alle die Ansprachen der schweizerischen, französischen und der deutschen Brüder, die wir bereits vernom-
men haben. Durch alle ging der eine hohe, frohe Grund-
ton: Wir wollen Frieden haben unter den Völkern, wir
müssen also gemeinsam den grossen, erhabenen Gedanken
der Menschenverbrüderung, der Menschheitsveredelung im
Sinne der Humanitäts-Ideale alle unsere Kräfte widmen,
deshalb aber auch alles aufbieten, um die Maurerei der
verschiedenen Völker sich zuerst näher zu bringen und in
solcher Einigung den Antrieb und die Kraft zu weiterer
gemeinsamer Arbeit zu entwickeln! Soll ich da nun einen
Missklang bringen in die harmonisch zusammenstimmen-
den Töne der Freudigkeit und Hoffnung? Meine Schwestern und Brüder, Wahrhaftigkeit, Ehrlichkeit und gerade
die Absicht, dem Frieden und dem Ernste unsrer gemeinsamen Absichten zu dienen, erfordern es, hier das Be-
kenntnis abzulegen, dass sich die zweite Erwartung nicht
oder nur sehr teilweise erfüllt hat, an diese Erfüllung wir
doch so fest geglaubt hatten! Namentlich gerade, soweit
es sich dabei handeln sollte um eine allgemeine und voll-
ständige Wiederherstellung offizieller freundschaftlicher
Beziehungen zwischen der deutschen und französischen
Freimaurerei.

O, wie sicher hatten wir südwest- und westdeutschen
Freimaurer, die wir ja in der Praxis die Annäherung der
beiden Völker durch Herstellung freimaurerischer Beziehungen und Verständigungen am lebhaftesten, frühesten
und unabhängigsten betrieben haben, gehofft, Ihnen, meine
französischen geliebten Brüder, hier in Basel mit vollen
Händen entgegentreten zu können! Wie fest war unser

Glaube gewesen, Ihnen heute verkünden zu dürfen, dass unsere Bemühungen um die Herstellung freundlicher Beziehungen zwischen den französischen und deutschen Grosslogen von Erfolg gewesen seien, dass ein Tag bevorstehe, oder ob — bald !! — nun auch offiziell zwischen uns das Missverstehen und Freundtun- und Freundseinwollen, Ausflüsse im Grunde sehr wenig maurerischer Gesinnung genannt zu werden verdienen, aufhören und ehrlicher Verständigung, liebevollem Verstehen- und Begreifen- und Verzeihenwollen, sowie dem Ernste edler gemeinsamer Bestrebungen zum Heile der Menschheit Platz machen werde! Täuschung! Mit Schmerz und Scham im Herzen, uns so arg getäuscht zu haben, mit so leeren Händen kommen zu müssen, stehen wir vor Ihnen! Wohl ist etwas erreicht. Und das ist ja auch im wesentlichen eine Frucht unsrer Bemühungen, die aus den schlecht unterrichteten, Widerstand leistenden meisten deutschen Grosslogen erst besser unterrichtete, willige machen mussten, ehe der Tag kommen konnte, der den Besuch der Berliner in Paris und nun der Pariser in Berlin und damit die Wiederherstellung der offiziellen Beziehungen freundschaftlicher Art zwischen den deutschen Grosslogen und der Grande Loge de France brachte. Wir wollen uns dieses Erfolges gewiss von Herzen auch freuen und es dabei der Grosslogenvertretung gönnen, dass sie die Früchte unter lauten Tamtamschlägen offizieller Feierlichkeiten einheimst, die hier im Südwesten in der Sonne gehangen haben. Wiewohl es ja bitter berühren könnte, dass z. B. ein ganzer Mann, ein echter Bruder, wie unser hier auch allgeliebter und allverehrter Br. Kraft, der den Hauptkampf geführt, das Hauptverdienst um Aufklärung und Verständigung im häufigen und heftigen Widerstande gegen einzelne offizielle Persönlichkeiten sich erworben hat, bei den Feierlichkeiten nicht herangezogen worden ist. Aber nein, wir wollen uns die Freude, dass doch ein »Etwas« erreicht ist, durch nichts vergällen lassen, denn, wo ein Ziel erreicht wird, braucht ja nicht mehr gefragt zu werden, wer bei der Erreichung denn mitgewirkt hat. Bei aller nötigen Arbeit kommt es gewiss nicht darauf an, wer sie tut, sondern lediglich darauf, dass sie getan werde.

Aber in der Hauptsache, die wir heute hier auch glaubten als erledigt bezeichnen zu können, sind unsre Hoffnungen unerfüllt geblieben, wir stehen, wie gesagt, mit leeren

Händen vor sehr vielen von Ihnen: denn die Beziehungen
offizieller Art zwischen dem Grand Orient de France und
den deutschen Grosslogen sind noch nicht zu einer Regelung
gelangt, wie wir sie erstrebt und ersehnt haben! Wir haben die Sache betrieben — mit aller der Entschiedenheit,
die ein fester Wille, unsre Pflicht zu tun nach bestem Wissen und Gewissen, uns verlieh. Wir haben uns nicht ge-
fürchtet vor Verhetzung und Verdammung, die ja besonders uns Führern, auch nicht gefehlt haben. Wir haben
sie betrieben mit der Begeisterung, die nur der Überzeugung, das Recht auf unsrer Seite zu haben und einer guten,
edlen Zieles dienenden Sache sich zu widmen, entspringen
konnte. So müssen wir erst die Stellungnahme bedauern,
welche die Grosslogen eingenommen haben, und zugleich
erklären, dass wir unsrerseits uns keineswegs dabei beruhigen, sondern fortgesetzt weiter bemühen werden, ein anderes Resultat zu erzielen. Wir brauchen uns aber keine
Vorwürfe über Lässigkeit und Mangel an Fürsicht in die
nach unsrer aller Meinung vorliegenden Bedürfnisse und
Notwendigkeiten zu machen, die zum Frieden (zum vollen
aber) zwischen den deutschen Grosslogen und der gesam-
ten französischen Freimaurerei führen müssen, sollen
unsre weiterzielenden Bemühungen um die Förderung all-
gemeiner, edelmenschlicher, durch die Weltmaurerei zu
leistender Arbeiten unter Vorantritt der vereinten französischen und deutschen Maurer in der richtigen Weise wirk-
sam werden können. Ja, wir müssen die Stellungnahme
bedauern! Warum? Nun, meine Brüder, das können wir
uns ja alle selbst sagen, und sagen es uns auch selber alle!
Wozu soll ich es hier noch besonders aussprechen? Es liegt
auf dem Gebiete alles dessen, was wir in der Bundesorgani-
sation, in den Verfassungen, in der Tätigkeit unsrer Grosslogen anders wünschen, um dereinst durch sie und mit
ihnen erzielen zu können, was uns am Herzen liegt, wofür
wir nun aber, verschrieen als die bösen Reformer, Radau-
brüder und Abtrünnigen, den schweren Kampf auf Neben-
wegen versuchen müssen. Wir wollen hier diese Seite der
modernen freimaurerischen Nöte lieber nicht berühren,
nicht eine neue Strophe des alten Klageliedes anstimmen,
sondern uns nur auf das beschränken, was gesagt werden
muss. Warum sind unsre Wünsche unerfüllt geblieben?

Ja, warum?! Soweit es sich dabei um »olle Kamel-
len« handelt, um die bekannte Angelegenheit der zehn Pa-

riser Logen aus der Zeit von 1870/71, um den angeblichen
Kampf des Grand Orient de France gegen den Gottesglau-
ben, so brauchen wir darauf nicht einzugehen. Wozu wieder und wieder auf eine Abwehr zurückkommen, welche
von französischen und deutschen Brüdern in Vorträgen
und Zeitschriften so und so oft in überzeugendster Form
geübt worden ist? Wenn man nicht sehen und hören
wollte, so wäre ja doch alle Mühe verlorene Liebesmühe,
und es bliebe nur der Beharrlichkeit, mit der die alten Sup-
pen immer wieder aufgewärmt werden, ein besseres Ziel
zu wünschen! Aber man hat der Abneigung, das Kriegs-
beil zu begraben, neue Stützen gegeben, hat neue Anklagen
erhoben! Zunächst — nach der französischen Seite hin.
Natürlich. Man hat dem Grand Orient nachgesagt, er
habe sich ja noch gar nicht dahin verlauten lassen, dass er
einem bessern Verhältnis zur deutschen Maurerei in ihrer
offiziellen Vertretung geneigt sei, und dass wider den Got-
tesglauben gekämpft werde, zeige deutlich der Umstand,
dass eine ihm zugehörige Loge deswegen einen Suchenden
zurückgewiesen habe, weil er an Gott glaube. Nun, meine
Brüder, woher solche Anklagen ihre Berechtigung schö-
pfen, wird später noch genau festgestellt werden müssen.
Das will ich aber bereits mitteilen: unser Bruder Bernardin
aus Nancy hat mir auf Befragen erklärt, sie seien *nicht*
wahr. Bei Gelegenheit einer Versammlung des Grand
Orient sei von der Herstellung freundlicher Beziehungen
zu den deutschen Brüdern geredet worden, und *nicht eine*
Loge habe sich dagegen erklärt. Ebenso aber sei es
vollkommen undenkbar, dass ein Suchender wegen seines
Gottesglaubens zurückgewiesen werden könne und worden
sei. *Er hat mich ermächtigt, mich bei der Bekanntgabe
solcher Erwiderung direkt auf ihn zu beziehen.* — Aber
auch nach unsrer, der südwest- und westdeutschen Seite hin.
sind Anklagen erhoben worden. Dass unsre Strassburger
Resolutionen da, wo man sich überhaupt herabgelassen hat,
sie zum Gegenstande von Erwägungen zu machen, teilweise
geradezu beleidigende Behandlung gefunden haben, das nur
nebenbei! Nur dass ich, der ich doch mit Bruder Kraft zu-
sammen nur ausgesprochen habe, was die Logen des oberrheinischen Stuhlmeisterverbandes durch ihre Vertreter
einstimmig beschlossen hatten, Urteile habe über mich er-
gehen lassen müssen, die es mit einem Verbrecher, nicht
mit einem Bruder zu tun zu haben schienen, dessen gute

Gesinnung und reine Absicht jedem Bruder so lange über
allen Zweifel erhaben erscheinen müssten, als bis er das
Gegenteil zu erweisen vermöchte, dies auch nur im Vorbei-
gehen! Ich kenne das Los derer, welche wider Macht und
Tradition neue Ideen verfechten! Und ich finde in meiner
Begeistung, in der Redlichkeit meiner guten Absichten und
in der Übereinstimmung mit so vielen wohldenkenden Brüdern die Kraft und den Mut, ohne Bangen und Erlahmen
den Kampf fortzusetzen, auch wenn mit Steinen nach uns
geworfen wird! Dabei ist es mir ganz gleichgültig, ob die
Angriffe in Zeitschriften und Vorträgen von mehr oder
weniger berufenen »Alten« erfolgen oder ob bei offiziellen
Anlässen etwa sogar von offiziellen Persönlichkeiten der
Bann und die Acht ausgesprochen werden wider den »ra-
dikalen« Wind, der aus Strassburg weht, und die »Abtrünnigen«, die sich von ihm treiben lassen. Ich kenne keine
Menschenfurcht, nicht einmal Grossmeisterfurcht, ich
kenne nur Gottesfurcht, d. h. aber, die heilige Scheu, *für*
etwas einzutreten, das ich nicht auch nach bestem Wissen
und Gewissen für das allgemeine *Beste* halte, und für
etwas *nicht* mit aller Kraft und in voller Ausdauer einzutreten, das ich als solches *erkannt* habe. Ich bete
weder Macht noch Machtträger an mit der kniebeugenden
Ergebenheit, die schon vor jedem Lakaien eines Macht-
habers ihr Dasein schleunigst in den rechten Winkel
vornüber schnellt. Und ich sehe in einem Bruder nie einen
Bonzen, den ich als solchen anzuerkennen hätte, wie ihn
etwa andere anerkennen wollen, sondern immer nur den
Bruder, d. h. einen Menschen, der für mich nur *das*
gilt, was er *ist* und *tut*, nicht das, wozu ihn seine *Selbst-
einschätzung* die Anbetung anderer oder durch Bücher
verliehene Gewalt berufen. Wir *Freimaurer* sind *freie*
Männer, die *alle, jeder* nach Einsicht und Vermögen,
mitwirken sollen an Menschheitsbaue, und sollten an-
beten Menschengewalt, die sich *nicht* mehr fühlt als nur
ausführende Gewalt, die das Ganze giebt und nimmt,
sondern *herrschen* und *gebieten, verdammen* und *richten*
will, weil Meinungen gegen *ihre* Meinung stehen! Ich
bin in der Maurerei *kein* Lehrling mehr, ausser vor Gott,
vor dem es aber auch ein Grossmeister ewig bleibt, und
stehe als Mensch an der Schwelle des Christenalters, wo
man zu wissen pflegt, was man will; *das* mögen *diejenigen* sich merken, die kurzerhand *verurteilen* und *ver-*

folgen wollen oder doch verurteilen und verfolgen *lassen* wollen, ohne dagegen aufzutreten, wo sie liebevoll *prüfen*, *erproben* und *würdigen* sollten, was ernste Brüder meinen und wollen. Wir fürchten uns nicht und bleiben bei unsrer Ansicht trotz aller Verdikte und warten ab, ob die Kraft der *Mehrheit* auf *unsrer* oder einer *andern* Seite sein wird. Die Macht der Wahrheit ist gross und allein souverän und führt *endlich* auch *immer* zum *Siege!* Ihr *vertrauen* wir, ihr aber würden wir uns auch *unterwerfen*, wenn sie *gegen* uns spräche! Auf also, Ihr Brüder, die *Ihr* gegen uns seid, zeigt, ob die *Wahrheit* auf *Eurer* Seite steht. Jene Anklagen sind richtig, und richtig ist auch die gegen uns geschleuderte, wir liefen in der ganzen Annäherungsangelegenheit Ihnen, meine geliebten französischen Brüder, nach. Damit beschuldigt man uns von Seiten der Gegner der Annäherung eines undeutschen, unwürdigen Verhaltens. Dem gegenüber erkläre ich, dass meines Wissens *auch nicht einer* unter uns ist, der nicht in dem Augenblicke, wo wir sähen, dass *Sie nicht das gleiche* Entgegenkommen bewiesen, wie *wir*, dass Sie *nicht* vom *gleichen* Geiste der *Liebe*, des *Verstehen-* und *Würdigenwollens*, der *Begeisterung* für die Idee des *Völkerfriedens* und *gemeinsamer Kulturarbeit* getragen wäre, Ihnen den *Rücken* kehren und sich auf die Erfüllung von Aufgaben beschränken würde, die ihm dann *näher* lägen nach seiner Stellung als blos *deutscher* Freimaurer, nicht auch Freimaurer an sich. Und hätten unsre Bemühungen um friedliche Beziehungen zwischen den französischen und deutschen Brüdern, damit aber auch um Herstellung des Friedens zwischen den beiden zugehörigen Völker, *keinen Erfolg, müsste* noch einmal aus irgend einem Grunde *Waffengewalt* zwischen diesen entscheiden, so würden Sie drüben und wir hüben — wenn auch mit blutendem Herzen — dem Vaterlande die Ehre geben, dem wir zugehören, und seinem Rufe folgend, als Bürger der einen Nation unsre Pflicht erfüllen, wie wir jetzt, allerdings in hellerer Begeisterung, als es dann geschehen könnte, dem höheren Ziele dienen, indem wir für den Frieden wirken, dem Ideale der allgemeinen Menschenliebe und Menschenverbrüderung und dem der Menschheitsbeglückung durch Erfüllung der Aufgaben der Humanität. Wer wagt es, *weil* wir das jetzt tun, uns beschuldigen zu wollen, wir würden jenes

dann *nicht* tun? Wie klein als Maurer muss ein Bruder
wohl denken, der die Absichten *des* Bruders zu ver-
kleinern sucht, der der *Liebe* dient, ohne lange zu fragen,
tut der *Geliebte* in allem gleichviel wie der Liebende?
Kann überhaupt noch von freier, edler, uneigennütziger
Liebe die Rede sein, wenn man fragt, *wer* hat in *diesem*
oder *jenem* Punkte den *ersten* Schritt *zu tun* oder *hat* ihn
getan? Nein, meine Brüder, wir laufen Ihnen nicht *nach*,
wir laufen Ihnen *entgegen*, denn wir sehen, es ist *Ihnen*
um die gemeinsame Sache genau *so* heiliger Ernst, *wie*
uns! Und — einmal allein vom Standpunkt dieser Sache
aus geurteilt: müsste es für *den*, der *mehr* getan hätte,
als der *andere*, nicht ein *Stolz* sein, *dass* es *so wäre?*
Wir können auf diesen Stolz keinen Anspruch erheben.
Wir sehen *Sie* von Begeisterung glühen, von Entgegenkommen und Freude erfüllt! Das erkennen wir an.
Und sie? Sie erkennen an, dass es mit uns eben so sei!
Punktum! Was will man noch? In dieser Sache Ver-
mutungen etwa zu Beschuldigungen erheben und sie für
Wirklichkeiten ausgeben? Das müssten und wollten wir
uns mit aller Entschiedenheit gründlichst verbitten.

Wir kommen zum Schluss, meine verehrten Schwestern
und Brüder, indem wir noch einmal auf die Erklärung
zurückkommen, dass wir uns bei dem erzielten Teil-
erfolge *nicht* beruhigen, sondern *alles* aufbieten werden,
um die Herstellung offizieller freundlicher Beziehungen
der deutschen Grosslogen auch zum Grand Orient de
France durchzusetzen. Wir werden unsere diesbezügliche
Resolution nicht ändern, sondern sie so lange immer
wieder an den offiziellen Stellen vorlegen, bis zwischen der
französischen und deutschen Gesamtmaurerei *kein Hauch*
von Trübung mehr besteht! Und indem wir Sie bitten,
meine geliebten französischen Brüder, auf Ihrer Seite
in gleichem Sinne zu wirken, geloben wir hier feierlich,
dass wir in Liebe und Treue bemüht bleiben werden,
Missverständnisse aufzuklären, Zerstörer zu beseitigen,
Anklagen zu entkräften und der Einigung, dem Frieden,
gemeinsamer Kulturarbeit die Wege zu bahnen. Wie
das im Einzelnen wird zu erstreben und zu bewirken
sein, braucht uns hier nicht zu beschäftigen. Es fragt
sich nur, ob diese Versammlungen, an denen wir als an
einer köstlichen Errungenschaft unsrer Einigungs- und
gemeinsamen Kulturbestrebungen festhalten wollen, als

solche irgendwie Stellung zu der vorliegenden Streitfrage
nehmen wollen oder sollen. Da sage ich kurzum »nein«!
Einmal, weil man ihnen entgegenhalten könnte und würde:
was gehen Euch Dinge an, die nur in offizieller Behandlung
erledigt werden können! Dann aber überhaupt — wozu?
Was gehen uns Grosslogenstreitigkeiten an, was haben
wir nach offizieller Zustimmung oder Verurteilung zu
fragen, wo und wenn wir Werke der Liebe tun und in
Gesinnungsübereinstimmung uns unterhalten wollen über
das, was *wir* von der zu erstrebenden Brudervereinigung
zum Zwecke der Menschheitsverbrüderung und der Förderung der Erfüllung hoher Pflichten der Menschenliebe,
der Humanität in Eintracht unterhalten wollen? *Wollen,
unter bewusster Verurteilung aller Schranken, durch
welche der allgemeine Friede als Grundlage der Betätigung
der Menschenliebe und der Förderung der Menschen-
veredelung und Menschheitsbeglückung noch gefährdet
erscheint? Nichts,* meine Brüder, *gar nichts!* Lassen
Sie uns in jedem Jahr zusammenkommen und die internationale Verbindung der Brüder betreiben mit allen
Mitteln der Verständigung, zu welcher echte Liebe führen
muss! Lassen Sie uns nicht hinhören auf Tadel und
Verdammung! Mögen »andere« denken und tun, was
sie für richtig halten, *wir* wollen bei *dem* bleiben, *was
uns als das Beste erscheint!* Das Ende wird zeigen, *wo
die Mehrheit und der Sieg hingehören!* Unsere Zahl ist
gewachsen, sorgen wir, dass sie mehr und mehr weiter-
wächst! Das wird die Stimme, welche aus unseren
Versammlungen hindringt zu den noch verschlossenen
Ohren der »andern« *so mächtig machen, dass man sie nicht
mehr überhören kann!* Wovon aber wird sie predigen?
*Von Liebe, Frieden, Menschheitsfortschritt und Menschen-
glück! Das heisst — von der begeisterten Aufrichtung
aller Ziele, auf die das Wirken wahrer Freimaurer ge-
richtet sein soll!*

Kommt dann aber auch der offizielle volle Friedens-
schluss, den wir heute noch gegen ihren Widerstand er-
sehnen und betreiben, dann wollen wir uns freuen, auch
wenn es wieder die offiziellen Vertretungen sind, welche
dann die Früchte einer Vorarbeit pflücken, die *wir* getan
haben, um aus *Teil*erfolgen *Voll*erfolge zu machen.

Discours

du

**F∴ Ed. Quartier-la-Tente, représentant général du Bureau
international de relations maçonniques à Neuchâtel.**

B. ch. SS., B. ch. FF.

Je me réjouis de tout coeur d'avoir en cette journée
dite internationale, une image en petit de ce qui a été et
sera le rêve de toute ma vie maçonnique: Des frères de tous
les pays, se mettant maçonniquement au dessus des ques-
tions qui divisent et quoique d'opinions différentes sur bien
des points, savant se tendre une main fraternelle sans se
laisser dominer par les préoccupations étroites et mes-
quines de la politique et des divergences confessionnelles.

Je suis particulièrement heureux de saluer ici la présence de nombreuses soeurs dont l'aide nous est précieuse
et dont les qualités incontestables sont favorables à
la réalisation de nos idées maçonniques. Je me permets
même d'insister pour que nous mêlions un peu plus nos
femmes à nos tentatives de rapprochement entre francs-
maçons des divers pays. Elles possèdent une intelligence,
un instinct dis-je, qui leur inspire les meilleurs moyens
pour agir efficacement. Leur concours jettera dans notre
activité un charme particulier, elles exerceront dans nos
relations internationales une influence réelle, adouciront la
rudesse de nos procédés et seront de précieux auxiliaires.
Je salue avec joie nos soeurs, les remercie de leur présence
et recommande à leur bienveillant intérêt l'oeuvre maçonnique de fraternité internationale que nous poursuivons.

Toute la Maçonnerie dans son essence, dans son symbolisme et dans ses principes fondamentaux, vise à exercer
une influence excellente sur ses adeptes, et par eux, sur le
milieu social où ils vivent, en vue de l'améliorer et de le
perfectionner.

Quel que soit le pays du monde, dans lequel s'est con-
stituée une Loge ou plusieurs Ateliers, la Maçonnerie en-

seigne à ses adhérents qu'ils ont à faire dans la vie profane
oeuvre excellente, de tolérance, de progrès et de vie. La
Maçonnerie combat tous les genres d'égoïsme, et elle ne cesse
de redire à ses fidèles: »Allez et répandez parmi les autres
hommes, les vertus dont vous avez promis de donner
l'exemple ! «

L'étude impartiale de l'histoire de la vie maçonnique
en tous pays, révèle cette incontestable vérité, à savoir que
tous les Groupements, partis de la même origine, pratiquent
un symbolisme à peu de chose près identique, et poursuivent
tous le même but recommandable de travailler dans une
véritable union au bien de l'humanité, en commençant par
le perfectionnement de sa propre famille maçonnique.

En Angleterre, en Amérique, en Australie, comme en
Allemagne, en France et partout, vous ne découvrirez pas
autre chose dans les préoccupations des Francs-Maçons.
Vous trouverez sans doute des différences de tempéraments,
quelques variétés dans le symbolisme, une façon d'inter-
préter l'activité maçonnique un peu divergente, parce que
la Maçonnerie finit logiquement par s'adapter au milieu où
elle travaille, elle s'inspire des besoins et des préoccupations
du peuple, ce qui est loin d'être un mal. L'histoire de la
nation influe inévitablement sur le travail des Loges. En
cherchant bien, on trouverait même sans beaucoup de peine,
des nuances dans la conception des idées maçonniques, nous
disons des nuances. Il serait d'ailleurs assez étrange, que
notre vieille institution si féconde et si belle dans ses aspirations, n'ait pas été quelque peu impréssionnée ensuite de
la variété des peuples et des pays qui l'ont adoptée. Mais
étudiée pour elle-même et dans ses pratiques essentielles,
on retrouve partout les mêmes ambitions et le même idéal.

Le but spécial de la Maçonnerie dans tous les con-
tinents du Globe consiste à *former des hommes*, des
hommes bien équilibrés, larges d'idées, tolérants et respec-
tueux à l'égard de tout ce qui est digne de mérite, amis de
la vérité et de la justice, partisans attitrés et convaincus de
toutes les causes justes et bonnes, — des hommes qui ne
jugent point leurs semblables, d'après ce qu'ils croient ni
d'après leurs opinions politiques et religieuses, mais d'après
leurs actes, — des hommes qui ne veulent que le bien, qui
ne recherchent que le vrai, et qui mettent au service du
progrès humain le meilleur de leur coeur et de leur intelligence, — des hommes, enfin, qui n'ont aucune préoccupa-

tion, ni aucun égoïsme de race, de caste, ou de secte, mais qui aspirent de toute leur âme à faire régner dans ce monde la justice et l'amour.

Ce travail a comme résultat de créer dans les esprits un sain patriotisme, qui n'exclut point des pensées plus hautes, et des vues plus générales. — Il a en outre, comme conséquence inévitable de rapprocher les FF. et d'établir entre eux cette étroite solidarité, cette fraternité de bon aloi, chaude et réconfortante, qu'on nous envie, et dont nos adversaires nous font souvent un crime, alors qu'elle provient tout naturellement de ce fait que marchant sous le même drapeau, nous vivons pour le même idéal. — Il faut avoir l'esprit bien obtus, le coeur bien étroit, et l'intelligence bien peu développée pour ne pas comprendre que la Maçonnerie doit provoquer entre ses adhérents des relations d'autant plus intimes et solides qu'elle fait abstraction de toutes les causes de divisions dans les relations humaines, et qu'elle place sur le même pied d'égalité et d'amitié des hommes qui mettent sans arrière-pensée leur esprit et leur coeur au service de la même cause.

La mésentente, l'inimitié, la jalousie, l'orgueil, la haine ne sont pas des termes qui appartiennent au langage maçonnique. Sur la porte de sa Loge, et au moment de franchir le seuil du Temple, le vrai Maçon se débarrasse forcément de toute arrière-pensée, et de tout ce qui est contraire à la fraternité maçonnique. La mauvaise humeur, la bouderie même ne sont pas admissibles dans un foyer maçonnique. Entre Francs-Maçons, on peut et on doit s'expliquer sans retard quand le ciel des relations fraternelles s'obscurcit, attendu que la Maçonnerie n'est en somme pas autre chose, que l'amour fraternel dans sa plus parfaite, dans sa plus idéale réalisation.

Ce tableau des tendances et des aspirations de la Maçonnerie est-il exagéré? Je ne le pense pas. Il est évident qu'il peut y avoir forcément quelques nuages dans notre vie maçonnique. Nous sommes tous des hommes, et comme tels, nous avons tous à lutter contre des dispositions fâcheuses de notre nature imparfaite. On n'atteint pas le but du premier coup, la pierre brute que l'on taille ne devient pas sans peine une pierre cubique parfaite. Mais il est incontestable, que ce qui nous vaut de la part des profanes les plus vives inimitiés, les plus injustes calomnies, c'est qu'en somme, nous nous aimons trop, et cette affec-

tion fraternelle, sincère, loyale, inévitable en Maçonnerie
éveille des susceptibilités, des soupçons et des colères. Il
ne faut pas que cela nous trouble! D'ailleurs, nous savons
tous fort bien, que l'on ne peut rien faire de bon avec la
haine, et qu'avec l'amour on peut tout accomplir, tout
résoudre.

On peut appliquer, sans hésitation aucune, les mêmes
réflexions à tous les Groupements maçonniques, et une
étude attentive nous démontre qu'en voyageant d'un pays
à l'autre d'une Loge à l'autre, plus cela change de formes,
de langue, de coutumes, plus, en ce qui concerne la fraternité maçonnique, c'est la même chose.

S'il en est ainsi dans toutes les familles maçonniques
du Globe, et il doit en être ainsi partout où l'on pratique
la vraie et pure Maçonnerie, il serait étrange, que les 300
Groupements maçonniques du monde, qui vivent chez eux
d'une façon si fraternelle, n'arrivent pas à comprendre que
leur devoir est d'avoir entre eux aussi, les relations les plus
cordiales, que dis-je, leur devoir, ce doit être bien plutôt un
besoin irrésistible. Il serait incompréhensible qu'en ad-
mettant qu'une influence heureuse s'exerce d'un Fr. à
l'égard de l'autre, d'une Loge sur l'autre, on refuse de reconnaître qu'une influence non moins heureuse et non moins
salutaire, féconde même à plus d'un titre, peut aussi
s'exercer d'un Groupement à l'autre, d'un Groupement
américain à un Groupement allemand, comme aussi d'un
Groupement maçonnique français à un Groupement maçonnique anglais. Nous pouvons tous apprendre quelque
chose d'utile dans les rapports les uns avec les autres. En
Maçonnerie, personne n'a le droit de se considérer comme
parfait, ni de vivre en égoïste, il est dès lors, non seulement
légitime, naturel, mais nécessaire que les relations les plus
chaudes, les plus cordiales existent entre toutes les Puissances maçonniques du monde. C'est un devoir primor-
dial, un devoir élémentaire pour la Maçonnerie de donner
ce spectacle au monde profane, *l'entente cordiale de tous
les Groupements.*

Cette entente cordiale entre les Grandes Loges et
Grands Orients maçonniques, existe-t-elle? Nous sommes
obligés d'affirmer qu'elle n'est pas ce qu'elle devrait être,
qu'elle devrait et pourrait être plus sincère, plus réelle,
plus visible, plus certaine. Les Grandes Loges d'un pays
comme la Grande Bretagne et les Etats-Unis vivent dans

les meilleures relations, il en est de même entre les Maçons des contrées de langue allemande, et entre les Maçons des pays latins. La confraternité des Groupements à ces divers pays est évidente et excellente. Mais la situation change lorsqu'il s'agit d'Associations maçonniques anglaises et allemandes, américaines et françaises ou latines. Il se produit des refus de reconnaissance, des accusations injustes, des procédés peu maçonniques.

Et pourtant, sans songer à la création d'une confédération maçonnique universelle, qui d'ailleurs n'aurait pas sa raison d'être et qui ne se justifierait en aucune façon, il est désirable, utile et avantageux pour tous et pour l'oeuvre maçonnique en particulier, que des rapports faciles et généreux s'établissent entre la généralité des Groupements maçonniques. Hélas, chez nous aussi, il y a des préjugés à combattre, des obstacles à surmonter, des rapprochements à conclure. Il y a des renseignements à fournir, des erreurs à dissiper, des éclaircissements à donner.

La tâche du Bureau international de relations maçonniques est ainsi très précise. Il a été créé dans ce but essentiel et son oeuvre à ce jour est reconnue bonne, utile et avantageuse pour l'association entière. Sa mission s'accomplit lentement, mais elle est fructueuse, et bien des faits nouveaux signalent l'utilité de son action, d'autant plus importante qu'elle est indirecte:

Le rapprochement très réel entre la Maçonnerie allemande et celle de la Grande Loge de France, marqué par le voyage récent à Berlin d'une délégation de Maçons français, l'accueil reçu, les discours échangés, les fêtes organisées et l'entente intervenue est un de ces faits.

Les réunions des Maçons allemands, français et suisses à Strasbourg et Nancy en 1906, à la Schlucht en 1907, et le 5 juillet 1908 à Bâle signifient quelque chose et constituent une innovation heureuse dont les conséquences se sont déjà fait sentir. Voilà un second fait. Je pourrais ajouter les nombreuses lettres reçues de tous les pays qui qualifient l'oeuvre du Bureau en des termes si enthousiastes, si exubérants que l'on est bien obligé de convenir que sa création répondait à un réel besoin.

Cela est si vrai, que les lettres les plus enthousiastes nous arrivent des Loges et des FF. dont les Grandes Loges n'ont pas encore adhéré au Bureau international, c'est peut-être ce qui a fait dire que si les Conseils et Autorités maçonniques n'éprouvent pas le besoin de relations fraternelles, par contre le *peuple maçonnique* y aspire ardemment, et que c'est des Loges que partira un mouvement en faveur du rapprochement, si les Comités des Puissances maçonniques y mettent trop d'obstacles. Nous croyons qu'il y a beaucoup de vrai dans cette assertion, mais il serait préférable que le mouvement favorable partit d'en haut, qu'il vienne des autorités, qui en le facilitant répondraient sûrement aux aspirations des Loges et des FF. Nous connaissons de nombreux Groupements et des FF. en non moins grand nombre qui sont bien décidés à employer tous les moyens pour aboutir à ce but, et qui sont prêts à faire d'importants sacrifices pour accentuer le rapprochement et effacer toutes les rivalités et les arrières-pensées.

Nous allons plus loin, nous disons que les tentatives de rapprochement entre les FF. suisses et les FF. d'Angleterre et d'Amérique, sans avoir réalisé d'une manière complète nos espérances, et mêmes les difficultés que ce rapprochement a suscitées, ne doivent pas nous inquiéter outre mesure. Il vaut mieux que les explications précédent l'entente, plutôt que de se produire plus tard et de faire naître des conflits, qui seraient d'autant plus difficiles à régler qu'ils seraient tardifs.

La Grande Loge Suisse n'a donc pas lieu de s'émouvoir outre mesure des lenteurs et des obstacles qu'elle rencontre dans la mission qu'on lui a confiée. Dans cette entreprise encore, elle doit faire usage de l'équerre et du compas, et attendre avec patience le résultat d'un travail dont les conséquences seront des plus fécondes pour l'oeuvre maçonnique que nous poursuivons.

En attendant l'heure bénie où tous les Maçons du monde entier ne seront qu'un coeur et qu'une âme, et où il n'y aura plus de divergences fâcheuses entre eux tous (et cette heure peut et doit arriver) apportons tous notre intérêt à la réalisation du but poursuivi. La Grande Loge Suisse Alpina doit être fière de la confiance dont elle a été l'objet. Elle ne peut pas, elle ne doit pas reculer devant le très grand honneur d'être la créatrice de relations faciles et aimables entre les Maçonneries des divers pays. Et c'est avec l'assurance que nous sommes tous d'accord pour semer dans le monde la concorde et l'entente, l'union, la bonne harmonie que nous souhaitons, la réalisation prochaine par le travail et l'exemple de la fraternité maçonnique suisse,

et celui de la fraternité germano-franco-suisse, de l'oeuvre
la plus féconde, la plus utile à l'humanité, celle de la fraternité maçonnique universelle.

Le F. Quartier-la-Tente termine en remerciant les
frères pour la collecte faite en faveur du Bureau international de relations maçonniques, qui a produit la belle
somme de fr. 218. —.

Ansprache

von

Br. Max Hollstein, Basel.

Es ist mir der ehrenvolle Auftrag zu Teil geworden,
Sie, geliebte Schwestern, im Namen unserer Loge willkom-
men zu heissen, und ich tue das mit der aufrichtigen
Freude darüber, dass Sie unserer Einladung zahlreiche
Folge geleistet haben.

Nicht nur als liebe Gäste, denen wir in diesen schönen
Räumen einige anregende Stunden bieten, sage ich Ihnen
Gruss und Dank, sondern vielmehr als den Angehörigen
der grossen Freimaurer-Familie, den Gattinnen unserer
lieben Brüder, für die Sie der Inbegriff alles irdischen
Glückes sind, den Müttern, die sich der Pflege des kost-
barsten Gutes, der Erziehung unserer Jugend mit der nur
ihnen eigenen Liebe und Geduld hingeben.

Wie Ihnen bekannt ist, haben wir uns bei unseren
Arbeiten mit einem Gegenstand beschäftigt, der Sie besonders interessiert, ich meine die Frauenfrage. Wir sind un-
serem s. e. l. Gr. zu grossem Dank verpflichtet für seine
Anregung, aber auch für die vorbildlichen, instruktiven
Arbeiten, die er uns in Schrift und Wort zur Verfügung
gestellt hat. — Die stattgehabten Vorträge und Diskussio-

nen haben uns ein reiches Material vor Augen geführt,
sie haben gute Früchte gezeitigt, indem sie, wenn auch
keine greifbaren Resultate, so doch Aufklärung und Ver-
ständnis für die Wichtigkeit dieses Themas, das vielleicht
in der Zukunft noch mehr als heute unser ganzes soziales
Leben beeinflussen wird, gebracht haben.

Die neue Zeit mit ihren gewaltigen Fortschritten auf
allen Gebieten, stellt an uns Alle immer neue Aufgaben.
Auch die Frauen sind gezwungen, sich den Verhältnissen
anzupassen.

Schon heute widmen sie sich, indem sie nach mehr
Freiheit und Selbständigkeit ringen, einer Menge von Berufen, die bisher dem Mann vorbehalten schienen.

Ich erinnere nur an ihre verschiedenen Stellungen, die
sie im Gewerbsleben, im Lehrfach, in allen dem Verkehr
dienenden Instituten einnehmen.

Diejenigen Frauen sind keine Ausnahmen mehr, die
sich akademische Bildung angeeignet haben und den Be-
ruf eines Arztes oder Advokaten ausüben. Wir finden
heute die Frauen als Arbeitersekretärin, im Schul- und
Kirchenvorstand. Sie streben nach *politischer* Selbständigkeit und haben in Dänemark und Island das *munizipale
Wahlrecht erworben.* In Finnland sitzen 19 Frauen im
Parlament, die ersten Frauen der Welt, die als Mitglieder
einer nationalen, gesetzgebenden Körperschaft fungieren.

Neuere Gesetzgebungen bringen Änderungen zu Gunsten der Frau und der Kinder, die, modernen Anschau-
ungen und Verhältnissen angepasst, hoffentlich zum Glück
und Wohlergehen der Völker beitragen werden.

Eine unausbleibliche Folge wird sein, dass der Erziehung der Tochter künftig grössere Aufmerksamkeit ge-
widmet wird; auch *ihre* Ausbildung muss sich den Bedürf-
nissen der Zeit anpassen.

Die Heranbildung der weiblichen Jugend wird für ihre
Zukunft von immer grösserer Wichtigkeit, sie bildet den
Kernpunkt, die praktische Lösung der Frauenfrage.

Aber auf die Tatsache wird sie immer Rücksicht nehmen müssen, dass die Bestimmung der Frau und des Man-
nes dieselbe bleibt. — Wir sind geschaffen uns zu ergänzen, einander zu helfen und zu dienen; nach wie vor werden
wir die Lasten des Lebens mit einander tragen, Lust und
Leid mit einander teilen müssen. — Wenn auch der Frau
das soziale Leben und Treiben nicht gleichgültig sein darf,

wenn sie auch ihr Interesse am öffentlichen Leben bewahrt, ihr Wirken wird in den meisten Fällen ein nach Innen gekehrtes sein, die Regel wird doch bleiben: Der Mann muss hinaus ins feindliche Leben — und drinnen waltet die züchtige Hausfrau. — Die Frau wird auch in der Zukunft darin ihr grösstes Glück, ihren Stolz und ihre Freude finden dem Manne, dem ihr Herz gehört, zu folgen, ihm treu zur Seite zu stehen, und ihm das Leben zu erleichtern und zu verschönern mit allen Gaben des Geistes und Herzens. — Sie wird es immer als ihre höchste und schönste Aufgabe betrachten, den Kindern, denen sie das Leben gegeben, ihre ganze Liebe und Aufmerksamkeit zuzuwenden, *ihr* Gedeihen, *ihre* Zukunft wird immer das Gebet ihres Herzens sein.

Liebe und Dankbarkeit wird ihr schönster Lohn *sein* und *bleiben*.

Meine lieben Schwestern! Noch muss ich dankbar einer Tätigkeit gedenken, der Sie sich mit unermüdlichem Fleiss hingeben, das ist die Unterstützung unserer freimaurerischen Bestrebungen. Freiwillig vollbringen Ihre emsigen Hände Arbeiten, mit denen Sie bedürftige Menschen beglücken und erfreuen, Sie stellen sich damit in den Dienst der Nächstenliebe, Sie vervollständigen aber zugleich das Werk an dem wir arbeiten. Sie stärken unsere Kraft. Das Ziel, das wir anstreben, ist fern, unsere Arbeit ist eine unvollkommene, wie alles Menschenwerk, und wir wissen es wohl, das Erreichte steht in keinem Verhältnis zu dem was wir wollen, aber langsam und doch unaufhaltsam schreitet der Mensch vorwärts. Auch ausserhalb der Freimaurerei wächst das Gefühl menschlicher Solidarität, der gegenseitigen Verpflichtung, seine Kräfte soviel als möglich zu entwickeln und der Allgemeinheit dienstbar zu machen. Wir freuen uns Ihrer Mitarbeit, und so rufe ich Ihnen die Worte des Dichters zu:

Willkommen hier! bei unserm schönen Feste,
Seid unsres Hauses, unsres Tempels *Gäste*. —
Der Anmut Duft, das ist es, was Ihr gebt.
Wenn fröhlich Ihr mit uns den *Becher hebt*.
Die Freude wird verklärt, wenn *Ihr sie teilt*,
Wenn lächelnd Ihr an unserer Seite weilt.
Nehmt unsern Dank, dass Ihr bei uns erschienen!
Glaubt, Schwestern, dass wir guten Geistern dienen, —
Dass wir mit Ernst durch Schönheit, Weisheit, Stärke

Zu schaffen suchen edle Werke, —
Dass niemals frech den Glauben wir zerstören, —
Dass wir hier zu der Liebe Fahnen schwören, —
Dass wir zuerst des Bundes Jünger lehren:
Das Weib zu *achten* und es *hoch* zu *ehren*.
Was sich bei uns mit dem Geheimnis deckt —
Ist wie die Rosenknospe, — die versteckt
In grüner Hülle ruht
Bis strahlend bricht hervor der Sommersonne hellstes Licht!
Kommt einst der Welt Hochsommertag herbei,
Entschleiern wird sich ganz die Maurerei,
Und, dass Hochsommer mög den Geistern kommen,
Hat sie das Werkgerät zur Hand genommen. —
Wie einst der Täufer, Christus ging voran,
Will ebnen sie, dem Reich des Lichts die Bahn,
Und, wie Johannes strenges Selbstgericht
Gepredigt hat als erster Schritt zum Licht,
So mahnt auch sie! — Die heut uns schnöd verklagen,
Sie werden scheu die Augen niederschlagen,
Wenn einst die Stunde naht, wo schleierfrei, —
Geheimnislos sich zeigt die Maurerei!
In Ihrem Tempel herrscht nicht buntes Spiel,
Dem Herzen ist er Zuflucht und Asyl,
Wenn in des Tages Kämpfen, wirr und wild,
Der Selbstsucht Feldgeschrei am meisten gilt! —
In Demut stehen wir All vor Gott gebeugt
Und unser Tun sei's, was da für uns zeugt,
Und zeigt, von welchem Streben wir entflammt,
Wenn Bosheit oder Blindheit uns verdammt! —
Ihr Schwestern seid gegrüsst in userm Bund!
Gesegnet sei uns diese Rosenstund!
In jeder Brust sei heller Sonnenschein!
Willkommen seid, Ihr lieben Schwesterlein!

* * *

Au nom de notre Loge »Amitié et Constance« de Bâle, j'ai l'honneur de vous souhaiter, mes bien chères soeurs, la plus cordiale bienvenue et de vous exprimer la joie que vous nous procurez en ayant donné suite, en si grand nombre, à notre invitation.

Ce n'est pas seulement en qualité d'invitées que j'ai le plaisir de vous présenter nos saluts fraternels et nos remerciments d'avoir bien voulu répondre à notre appel, mais

je salue votre présence autant que membres de la grande
et unie Famille des Francs maçons dont vous faites partie
d'une manière si directe, en prenant une si grande part
à toutes nos oeuvres de bienfaisance.

Je salue encore en vous les épouses dévouées de nos
bien aimés frères et les mères aimées et respectées de nos
enfants.

L'amour que nous vous témoignons, exprime pour nous
la plus grande somme de félicité à laquelle un mortel peut
atteindre.

Encore une fois, chères soeurs, soyez *saluées* dans notre
réunion.

Bénie soit cette heure dédiée aux roses, —
Que chaque coeur soit plein de rayons de soleil
Soyez toutes les bienvenues mes très chères soeurs.

Je porte mon toast à la santé de nos bien aimées soeurs.
Hoch! Vivat! Qu'elles vivent!